Savino L'Erario

Esel Rudi – Ein alter Esel entdeckt sein Talent

Dieses Buch gehört:

_____

Impressum

Bibliografische Information der Deutschen Nationalbibliothek:
Die Deutsche Nationalbibliothek verzeichnet diese Publikation in der
Deutschen Nationalbibliografie; detaillierte bibliografische Daten sind im
Internet über http://dnb.dnb.de abrufbar.

© 2023 Savino L'Erario

1. Auflage 2023

Lektorat: Amelie Hanke
Korrektorat: Amelie Hanke
Illustrationen: Regina Fau

Herstellung und Verlag: BoD – Books on Demand, Norderstedt

ISBN: 978-3-7568-7951-9

Savino L'Erario

Esel Rudi – Ein alter Esel entdeckt sein Talent

Genre: Kinderbuch

Mit Bildern von

Regina Fau

INHALT

EIN SOMMERTAG STARTET TRÜB

An einem trüben Sommertag, an dem sich die Sonne hinter den dichten Wolken am Himmel versteckte, krähte der Hahn wie jeden Morgen auf dem alten, aber schönen Bauernhof.

Der Bauer und alle Tiere wurden allmählich wach. Die Kühe muhten, die Schafe mähten: „MÄH ... MÄH ... MÄH ...", die Schweine grunzten und der alte Esel gab als letzter in der Runde sein fröhliches „IAH ... IAH ... IAH ..." von sich.

Es war ein Morgen wie jeder andere, doch auf einmal hörten die Tiere den Bauern im Bauernhaus klagen: „Das ist alles zu teuer ...

Wir müssen uns von alten Tieren trennen.

Es kommen kaum noch Hofgäste.

Wenn wir nicht bald eine Idee bekommen ... schließen wir."

Dann wurde es kurz ruhig. Schließlich sagte der Bauer: „Ich muss tun, was zu tun ist."

Die Tür des Bauernhauses öffnete sich und der Bauer lief direkt auf den Stall von Esel Rudi zu.

DER ALTE ESEL RUDI VERLIERT SEINEN STALLPLATZ

Der Bauer sprach zum alten Esel Rudi: „Weißt du, Rudi, du bist nun alt geworden und arbeitest seit vielen Jahren nicht mehr wie früher. Du kannst keine schweren Lasten mehr tragen. Ich muss sparen und kann dir künftig keinen Stallplatz und kein Futter mehr geben. Deshalb habe ich beschlossen, dass du ab heute frei bist und gehen darfst."

„Aber ...", erwiderte der alte Esel Rudi, „Bauer, ich habe so viele Jahre mein ganzes Können für diesen Hof, für dich und die Kinder der Gäste eingesetzt. Ich war dein bestes Arbeits- und Tragtier."

„Ja", sagte der Bauer, „aber ich kann leider dein Futter nicht mehr bezahlen."

Esel Rudi schaute traurig zu Boden. Was konnte er sagen, um den Bauern umzustimmen? Da sagte der Bauer: „Schau, wenn du mir einen Löwen bringst, dann gebe ich dir jeden Tag bis an dein Lebensende das Futter für drei und einen noch größeren Stallplatz. Das verspreche ich dir vor allen anderen Tieren, wie du siehst."

Im Stall war es sehr ruhig geworden. Die anderen Tiere waren traurig und zugleich erstaunt über die Forderung und das Verhalten des Bauern.

„Komm, alter Esel, ich habe dir einen Sack gepackt, damit du dich auf deinen Weg machen kannst.

Viel Glück! Und denk daran: Wenn du mir einen Löwen bringst, bekommst du das Futter für drei bis ans Ende deiner Tage."

ESEL RUDIS REISE BEGINNT

Schweren Herzens und wehmütig begab sich der alte Esel Rudi auf die Reise. Die Worte des Bauern ertönen immer wieder in seinem Kopf. „Bring mir einen Löwen und ich gebe dir das Futter für drei. Bring mir einen Löwen und ich gebe dir das Futter für drei. Bring mir einen Löwen und ich gebe dir das Futter für drei."

„Ob der Bauer das wohl ernst meint? Oder hat er mir nur eine unlösbare Aufgabe gegeben, um mich für immer loszuwerden?", fragte sich Rudi.

Der alte Esel lief und lief, bis er gar nicht mehr wusste, wo er sich im Wald befand.

Aber die Waldbeeren, das Gras und frischer Wildwuchs machten Rudi Mut. „Jetzt habe ich zwar noch keinen Schlafplatz, aber dafür etwas zu essen und, siehe da, ein kleiner Fluss zum Trinken ist auch in der Nähe", dachte sich der alte Esel.

Als er zum Fluss ging, um etwas zu trinken, raschelte es auf einmal im Gebüsch und ihm begegnete ein Igel.

„Hallo, du da!", sagte der Igel. „Was macht denn ein Esel wie du hier im Wald? Du gehörst doch auf einen Bauernhof!"

Der alte Esel Rudi erzählte dem Igel von seinem Schicksal und, dass er nun eine neue Unterkunft suchte.

Der Igel antwortete ihm: „Ich kann dir nicht helfen. Ich muss mich um meine Familie kümmern. Wir haben vier Kinder in diesem Jahr."

Kurz bevor er unter einem Gebüsch verschwand, kehrte der Igel sich noch einmal um. „Ich will dir noch einen Tipp geben: Erzähl nicht jedem gleich dein Schicksal und erwarte Mitleid – es gibt hier Tiere, die dir nicht unbedingt helfen werden, sondern nur deine Situation ausnutzen wollen." Dann drehte der Igel sich um und verschwand.

Der alte Esel dachte sich: „Pff, was weiß der Igel schon von einem Eselleben? Ich kann schon selbst erkennen, wer mir helfen möchte und wer nicht."

Esel Rudi ging weiter. Da lief ihm ein Hase über den Weg. Und siehe da, es war der Wildhase, der ab und zu den Bauernhof besuchte, um sich etwas von dem leckeren Heu zu stibitzen, ohne sich erwischen zu lassen.

Hätte der Bauer den Wildhasen je erwischt, hätte er ihn in einen Käfig eingesperrt.

„Hallo, Wildhase!", sagte der alte Esel.

„Hallo, alter Esel Rudi" erwiderte der Wildhase. „Was machst du denn hier? Wieso bist du nicht in deinem Stall auf dem Bauernhof, wo es dieses wunderbare Heu gibt?"

Der Hase schaute verträumt und gierig bei dem Gedanken an das leckere Heu.

Der alte Esel Rudi erklärte ihm, was vorgefallen war und erzählte dem Wildhasen: „Der Bauer kann mein Futter nicht mehr bezahlen, also hat er mich freigelassen. Ich habe etwas Heu für den Weg mitbekommen, aber wo ich schlafen werde, weiß ich nicht."

Da antwortete der Wildhase: „Lass uns doch einfach dein Heu essen. Einen Schlafplatz finden wir für dich schon in meiner Höhle."

EINE ENTTÄUSCHUNG FÜR ESEL RUDI

Nachdem beide das Heu aufgegessen hatten, sagte der Hase: „Ich habe ganz vergessen, dass ich heute Abend schon mit einem Freund verabredet bin" und wollte schon ins Gebüsch verschwinden.

„Aber was ist mit deiner Höhle?", rief der alte Esel Rudi.

„Ach, die ist viel zu eng für uns zwei, du findest schon was anderes", antwortete der Wildhase, bevor er davonhoppelte.

Rudi war enttäuscht. Wie oft hatte er dem Wildhasen auf dem Bauernhof an seinem Heu mitessen lassen und wie oft hatte er ihn gewarnt, wenn der Bauer in der Nähe gewesen war? Dass der Wildhase ihn nun hängen ließ, hatte der alte Esel Rudi nicht erwartet. Das letzte bisschen Heu vom Bauern hatte er noch mit ihm geteilt und nun war der Wildhase mit einer leeren Versprechung einfach verschwunden.

DER SCHLAUE FUCHS SAM

Der alte Esel Rudi ging weiter und traf einen Fuchs. „Hallo, du da!" sagte der Fuchs. „Hast du unterwegs vielleicht einen Wildhasen getroffen?"

„Ja", sagte Rudi, „er hat mit mir mein Heu gefressen und ist dann verschwunden. Er hat eine Verabredung mit einem Freund."

„Wäre ich ihm nur nicht begegnet", dachte sich Rudi schweigsam.

„Interessant!", meinte der Fuchs. „Weißt du auch, in welche Richtung der Wildhase gelaufen ist?"

„Ja", sagte der Esel, „aber ich verrate es nicht."

„Ich sehe", sagte der Fuchs „du bist ein alter Esel, aber die Lebensjahre haben dich schlau gemacht. Wie heißt du, alter Esel?", fragte der Fuchs.

Rudi antwortete: „Ich bin Esel Rudi und wie heißt du?"

Der schlaue Fuchs antwortete ihm: „Ich heiße Fuchs Sam. Ich bin mittlerweile ein alter Fuchs geworden, der tagtäglich nach seinem Futter sucht. Je älter ich werde, desto erfahrener werde ich, aber das Jagen fällt mir immer schwerer."

„Da bist du nicht der Einzige", sagte Rudi.

„Hm", antwortet ihm der Fuchs, „ich bin reich an Erlebnissen und Erfahrungen, Esel Rudi. Ohne dass du mir was erzählst, kann ich mir vorstellen, dass dein Bauer dich weggeschickt hat, weil du zu alt bist – was sucht denn sonst ein Arbeitstier wie du im Wald?"

Der Esel war erstaunt über die Weisheit des Fuchses, denn er hatte recht.

„Weißt du, Esel Rudi", sagte der Fuchs „jedes Tier hat seine Erfahrung, seine Geschichte und sein Leid zu tragen, aber es gibt immer einen Weg hinaus!"

Der alte Esel Rudi murmelte vor sich hin: „Recht hast du, Fuchs – und es gibt eine Lösung für mein Problem: Ich muss dem Bauern einen Löwen bringen."

Der schlaue Fuchs hörte, was Rudi murmelte, und fragte mit erstauntem Blick: „Kannst du mir das genauer erklären?"

So traute sich Rudi, ihm zu erzählen, was ihm widerfahren war: dass ihn der Bauer nach vielen Jahren harter Arbeit weggeschickt und ihm eine unlösbare Aufgabe mitgegeben hatte. Einen Löwen sollte der alte Esel Rudi dem Bauern bringen. Dann würde er dreimal so viel Futter wie zuvor bis an sein Lebensende erhalten.

Der Fuchs hörte sehr interessiert zu. „Ich will dir eine Geschichte erzählen, alter Esel Rudi, von der ich auf meinem Lebensweg von einem afrikanischen Zugvogel gehört habe..."

DAS LIED DER BUNTEN VÖGEL...
MACHT ESEL RUDI NACHDENKLICH

Fünf Vögel unterschiedlicher Farben flattern morgens immer gemeinsam zu einem Bauern, zwitschern ihr Lied im Chor und fliegen kreuz und quer durcheinander. Der Bauer freut sich über die fröhliche musikalische Begrüßung am Morgen und die Flugshow der Vögel. Deswegen streut er den Vögeln jedes Mal ein wenig Futter auf die Fensterbank.

Eines Abends hat jeder Vogel dieselbe Idee: Jeder will am nächsten Tag allein zum Bauern fliegen, um mehr Futter zu bekommen. Gesagt getan: Am nächsten Tag flattern nicht alle Vögel zusammen, sondern jeder fliegt einzeln über den Tag verteilt vor das Haus des Bauern und zwitschert seinen Teil des Liedes. Der Bauer ärgert sich darüber. Er empfindet die einzelnen Vögel als Störenfriede und verscheucht sie, ohne auch nur ein Korn Futter auszustreuen.

Nach einem hungrigen Tag überwindet sich einer der Vögel und erzählt den anderen vier Vögeln am nächsten Morgen tapfer von seinem habgierigen Verhalten. Da gestehen auch diese, dass sie es genauso gemacht haben, und sie schließen sich wieder zusammen.

Wieder vereint fliegen die fünf Vögel am selben Morgen gemeinsam zum Bauern und singen im Chor ihr schönes Lied, während sie dabei farbenfroh im Flug durcheinanderflattern und einen Tanz vorführen.

Sehr erfreut, dass die bunte Vogelgruppe wieder da ist, streut der Bauer ihnen mehr Futter aus als je zuvor und erfreut sich an seinem farbenfrohen, musikalischen Morgengruß.[1]

Der alte Esel Rudi hatte während der Erzählung von Fuchs Sam aufmerksam zugehört und wurde sehr nachdenklich. Immer wieder gingen ihm blitzartig Gedanken und Ideen durch den Kopf:

Was will ein einzelner Vogel mit so viel Futter?

Die Vögel mussten zusammenhalten, um wieder Futter zu bekommen.

Sie mussten klug sein und überlegen, wie sie ihre Fähigkeiten gemeinsam nutzen konnten.

Jeder Vogel hat etwas dazu beigetragen, dass es am Ende allen gut ging.

Esel Rudi freute sich über seine tollen Gedanken und schwieg vor Staunen, während Fuchs Sam ihn nach dem Ende seiner Geschichte anschaute.

„Siehst du, Esel Rudi, wir müssen so schlau sein wie die bunten Vögel. Wenn wir zwei es schaffen, einen Löwen zu finden, der die gleichen Sorgen hat wie wir, haben wir die Lösung für unser Problem."

LÖWE ARI

Der alte Esel Rudi dachte sich: „Wie werden die anderen Tiere und der Bauer reagieren, wenn ich, der alte Esel Rudi, tatsächlich mit einem Fuchs und einem Löwen ankomme? Sie werden staunen! Die Idee gefiel ihm sehr. Jetzt musste er nur noch einen Löwen finden. Der schlaue Fuchs Sam sah, wie motiviert und voller Willenskraft Rudi war und er hatte eine Idee, denn er wusste, wo ein Löwe zu finden war.

Rudi und Sam beschlossen, tiefer in den Wald zu gehen. Dorthin, wo sich andere Tiere nicht hin trauten. Es dauerte nicht lange, da hörten Rudi und Sam ein Schnaufen und Fauchen, Schnurren und Knurren hinter einer Himbeerhecke. Beide wollten schon weglaufen, doch die Neugier und der Wille waren größer als die Furcht. Sie spähten durch die Hecke und sahen einen großen Löwen.

Der Fuchs zog sich und den alten Esel hinter einen großen Stein. Sam überzeugte Rudi davon, dass sie den Löwen als Ablenkung umzingeln müssten, damit sie mit ihm sprechen könnten. So geschah es auch. Während der Löwe den Fuchs anknurrte, als er ihn sah, gab Esel Rudi hinter dem Löwen ein lautes „IAH! IAH! IAH!" von sich und der Löwe war völlig verdutzt.

Daraufhin sprach Sam zum Löwen: „Hallo, Löwe, wir sind Esel Rudi und Fuchs Sam. Wir sind nicht zum Kämpfen hier, sondern wollen uns mit dir unterhalten."

Der Löwe rief: „Ich bin Löwe Ari und hoffe, ihr habt etwas Interessantes zu erzählen."

„Ja", rief Fuchs Sam ihm zu. „Der alte Esel Rudi ist genau wie ich in die Jahre gekommen. Sein Bauer hat ihm gesagt, dass er nur nach Hause zurückkehren darf, wenn er ihm einen Löwen bringt. Als Belohnung würde er die dreifache Menge Futter bekommen."

„Und wenn der alte Esel ohne Löwen erscheint?", knurrte der Löwe dem Fuchs entgegen.

„Dann ist er für den Rest seines Lebens auf sich allein gestellt. Und das, obwohl er so viele Jahre hart für seinen Bauern gearbeitet hat", antwortete Sam.

Der Löwe wurde nachdenklich, hörte auf zu knurren und sagte: „Es ist traurig, dass der Bauer den alten Esel von seinem Hof geschickt hat."

Der Fuchs ergriff sofort das Wort. „Weißt du, Löwe Ari, wir sind alle schon ziemlich alt. Je älter wir werden, desto mehr verlassen uns unsere Kräfte und wir können uns nur noch auf unsere Erfahrung verlassen."

Der alte Esel Rudi stand nur nickend daneben und sagte: „Ich bin das perfekte Beispiel dafür. Ich kann längst nicht mehr so schwere Lasten tragen wie früher."

Löwe Ari stellte sich stolz und gerade hin, seine Mähne glänzte noch schön und er sah sehr mächtig aus. Aber er sagte: „Ich habe in meinem Leben so hart an meiner Darstellung gearbeitet, dass ich mich nicht mehr vorzustellen brauche. Egal wo ich hinkomme, jeder hat Respekt vor mir. Aber auch ich bin in die Jahre gekommen und muss für mein Futter an manch einem Tag hart kämpfen."

„Siehst du, Löwe Ari", ergriff der alte Esel das Wort, „der Fuchs und ich, wir haben einen Plan".

Löwe Ari fragte neugierig: „Was ist euer Plan?"

ESEL RUDIS ERKENNTNIS

„Ich erkläre ihn dir", fuhr der alte Esel Rudi fort. „Wenn wir drei uns zusammentun und uns beim Bauern vorstellen, bekomme ich als Belohnung das Futter für drei – und das für die Ewigkeit. Außerdem bekomme ich einen großen Stallplatz, der für uns drei ausreicht."

„Ich habe das Futter für drei in Aussicht und weiß, wo wir wohnen können", betonte Esel Rudi erneut. „Fuchs Sam war schlau und hatte die Idee, unsere Angst zu überwinden und zu dir zu gehen, und du, Löwe Ari, erhältst unendlich viel Respekt von der Tier- und Menschenwelt! Jeder wird einen Löwen auf einem Bauernhof sehen wollen. Damit wäre der Bauernhof gerettet und der Bauer könnte unser Futter bezahlen."

Löwe Ari hörte interessierter zu. Esel Rudi fuhr fort: „Jeder von uns hat ein Talent, eine Idee oder eine Fähigkeit, die ihn allein nicht weiterbringt. Wenn wir uns aber zusammentun und unsere Talente gemeinsam nutzen, wird jeder von uns gewinnen."

Löwe Ari sah den alten Esel und den Fuchs begeistert an.

„Lasst uns aufbrechen", rief Fuchs Sam. „Wir gehen zum Bauern zurück. Rudi erfüllt die Bedingung des Bauern, indem er ihm den Löwen Ari vorstellt und bekommt dafür genügend Futter und Platz für uns alle."

Löwe Ari rief: „Das ist ein guter Plan. Und wir drei werden uns auf dem Bauernhof wie Bauernhof-Tiere benehmen, damit wir bleiben dürfen! Ich sorge dafür, dass viele neue Besucher auf den Bauernhof kommen, und du, Fuchs Sam, behältst den Überblick, damit alles nach Plan läuft – aber lass die Gänse auf dem Bauernhof in Ruhe! Das gehört nun zu deinem Benehmen!", beendete Löwe Ari seine Rede.

So machten sich die drei auf den Weg.

EIN SONNIGER SOMMER FÜR ALLE

Nach einer Weile erreichten der alte Esel Rudi, Fuchs Sam und Löwe Ari den Bauernhof.

Auf einmal wurde es auf dem Bauernhof laut. Die Kühe, die Schafe, die Schweine, die Hühner, die Gänse und alle anderen Tiere gerieten in Aufruhr. Der Hund bellte ununterbrochen, die Katze hatte Schutz auf dem Dach gesucht.

Der Bauer kam mit Entsetzen aus seinem Bauernhaus und war erstaunt.

36

Ja, der alte Esel Rudi hatte die unüberlegte Bedingung des Bauern erfüllt, und der Bauer war verblüfft.

Da rief ihm der alte Esel Rudi zu: »Hallo, Bauer, du hattest zu mir gesagt, ich soll dir einen Löwen mitbringen und du würdest mir für die Ewigkeit das Futter für drei und einen größeren Stallplatz geben. Ich habe dir einen Löwen und einen Fuchs gebracht und möchte jetzt als Belohnung, dass du uns drei auf deinem Bauernhof aufnimmst.«

Der Bauer wollte gerade widersprechen, so überrascht war er. Da knurrte Löwe Ari – aber nur kurz. So rief der Bauer: „Alter Esel, du hast mich überrascht. Ich werde mein Versprechen halten, auch wenn ich es mir an manch einem Tag vermutlich nicht leisten kann."

Fuchs Sam, der schweigsam die ganze Zeit daneben gestanden hatte, sagte zum Bauern: „Bauer, ich denke, dein Bauernhof wird zu einer der größten Attraktionen werden. Auf welchem Bauernhof können Kinder denn einen Fuchs und einen Löwen besuchen?"

Der Fuchs hatte recht. Der Bauernhof hatte ab diesem Sommer so viele Besucher wie nie zuvor und der Bauer musste sich keine Sorgen mehr um das Futter für die Tiere machen.

Jedes Tier wurde satt und der alte Esel Rudi war um eine Erfahrung reicher.

Rudi hatte nicht nur eine Lösung für sein Problem entdeckt, sondern konnte sogar anderen helfen. Das machte Esel Rudi besonders stolz.

Das Wichtigste war jedoch, dass er sein eigenes Talent entdeckt und es in die Tat umgesetzt hatte. Er wusste jetzt, dass er alles schaffen konnte, egal wie aussichtslos seine Lage auch aussehen mochte.

Und er hatte neue Freunde gefunden, die in einer ähnlichen Lage gewesen waren wie er selbst. Durch seine Hilfsbereitschaft konnten nun alle ein glückliches Leben führen, und der Fuchs und der Löwe waren dankbar, dass Rudi sein Futter mit ihnen teilte.

Alle Tiere auf dem Bauernhof erzählten sich nun immer wieder die Geschichte, wie Rudi einen Löwen zum Bauernhof gebracht hatte.

Quellenhinweis:

Mit freundlicher Genehmigung des PAIS-Verlags, ist das Kapitel „Das Lied der bunten Vögel... macht Esel Rudi nachdenklich" an die Geschichte von Koban Anan aus dem Buch „Das Lied der bunten Vögel" angelehnt.

Vielen Dank.

Die Originalgeschichte ist hier nachzulesen:

Koban Anan, Omari Amonde (2014). Das Lied der bunten Vögel. Oberried: PAIS-Verlag.

Esel Rudi und seine Freunde

Buchempfehlung:

Nach einer aufregenden Fahrt mit der Nordwest-
bahn nach Wilhelmshaven trifft Kater Levi auf die
Kegelrobbe Helge und die Möwe Stella.

Durch einen Unfall im Marinemuseum erlebt Kater
Levi die spannende Unterwasserwelt in der Nord-
see. Anschließend segelt er mithilfe eines See-
manns und einem alten Fischkutter auf dem
Wasser nach Rostock-Warnemünde.

Endlich wieder festen Boden unter den Füßen muss
sich Kater Levi in der Großstadt Rostock zurecht-
finden. Wird ihm das gelingen?

DAS ABENTEUER GEHT WEITER!

Ingo M. Ebert
Kater Levi
und seine Abenteuer
Band 3
Taschenbuch
ISBN 978-3-9822772-4-0

Esel Rudi ist auch auf Instagram

@ESEL_RUDI

Folgt ihm!